AF392783

5

conseils pour s'en sortir dans le RER

Sohée

5

conseils pour s'en sortir dans le RER

*Petit guide du voyageur intrépide
dans le RER parisien*

Collection : « 5 conseils pour s'en sortir »
Corrections : Emilie Manson et Sonia Puertas.
Couverture et illustrations : Freepik.com (Migstc1) et Canva.com.
Montage de la couverture : Sohée (copyright)

Pour la présente édition :
Éditeur : SAS Fides & Prudentia — Paris.
Site internet : **www.5conseilspoursensortir.fr**

ISBN : 9798227426338
Dépôt légal : juillet 2024

À Vénus mon amie,

Avis aux lecteurs

Vous qui arrivez en région parisienne et qui vous sentez perdu en découvrant avec des yeux ronds le plan en toile d'araignée multicolore du Réseau Express Régional (RER) ! Ou vous qui l'empruntez occasionnellement quand vous devez vous rendre en banlieue ! Oui, vous, petits novices, ce livre vous est destiné !

Les détenteurs de passes Navigo mensuels ou annuels et les salariés de la RATP ou de la SNCF d'Île-de-France n'apprendront rien de nouveau, mais retrouveront peut-être certaines situations familières déjà vécues.

Un peu d'humour ne faisant pas de mal, j'ai souhaité adopter un ton plutôt léger, parfois mordant pour dépeindre certaines réalités, tout en gardant en tête que les difficultés rencontrées dans le RER reflètent des problématiques sous-jacentes bien plus complexes et bien plus profondes.

Vingt ans ! Oui, vingt ans déjà...

Je regardais le paysage défiler par la vitre de la voiture, les yeux mi-clos, aveuglée par la lumière éblouissante de cette belle journée d'été. Nous étions à la fin du mois d'août et cela faisait bien vingt ans que je m'étais installée en région parisienne et que j'empruntais le Réseau Express Régional, plus connu sous son acronyme RER. Vingt ans à traverser l'Île-de-France, en long, en large et en travers : pour me rendre à mon travail, à un rendez-vous professionnel, chez le médecin, à un spectacle, pour faire des courses, pour partir en vacances et enfin, rentrer chez moi.

Deux décennies à voyager presque quotidiennement dans le RER, puisque je ne possède pas de voiture.

Je n'ai d'ailleurs jamais vu l'intérêt d'en acheter une en débarquant à Paris au début des années 2000 : trop de tracas et trop de frais pour entretenir un véhicule, le garer dans des zones de stationnement payantes de plus en plus limitées par les mairies, piaffer dans les embouteillages le pied sur l'embrayage, sans parler des risques de vandalisme et de vol, même quand on loue un garage.

Bercée par le roulis de mon wagon, je me disais que deux décennies de RER, ça se fêtait ! Et comment ?

Quoi de plus utile que de partager mon expérience accumulée au fil de mes années de pérégrinations avec des néophytes du RER ? Ainsi, ce livre s'adresse certes à ceux qui n'ont jamais pris le RER en région parisienne, mais surtout aux nouveaux arrivants, à ceux qui viennent s'y installer ou la visiter et qui devront utiliser ce mode de transport. À ceux qui ressentent un brin d'appréhension à l'idée de s'y aventurer de peur de se perdre dans ce réseau tentaculaire de lignes entrecroisées.

Et il y a de quoi ! Les chiffres donnent le tournis : le RER francilien regroupe les cinq grandes lignes A, B, C, D et E qui accueillent chaque jour des millions de voyageurs et qui figurent parmi les lignes ferroviaires les plus fréquentées d'Europe.

Le réseau s'étale au total sur plus de 600 kilomètres et diverses extensions sont prévues dans les années à venir, principalement vers l'est et l'ouest de Paris.

Ainsi, ce petit guide vise à rassurer ces nouveaux venus dans la capitale et en banlieue parisienne qui utiliseront ce mode de transport pour leurs besoins personnels et/ou professionnels. Il est ponctué de recommandations et d'anecdotes inspirantes que j'ai choisi de regrouper en cinq grands thèmes pratiques pour permettre à tout voyageur de préparer son périple et de se débrouiller dans le RER. Allez, attention à la fermeture des portes, c'est parti !

<u>CONSEIL Nº 1 :</u>

Bien choisir sa ligne de RER

∽ 🚆 ∾

Comme je l'ai indiqué précédemment, cinq lignes de RER sillonnent la région parisienne depuis de nombreuses années. Elles sont exploitées par la SNCF Voyageurs et par la RATP, de manière partagée pour les lignes A et B, en totalité par la SNCF Voyageurs pour les trois autres lignes.

Historiquement, la ligne du RER A a été mise en service le 14 décembre 1969 entre les stations Nation et Boissy-Saint-Léger. Celle du RER B a été inaugurée le 9 décembre 1977, suivie de la ligne C le 25 septembre 1979, puis de la ligne D le 27 septembre 1987 et de la ligne E le 12 juillet 1999. Ces dates marquent les tout débuts de chaque ligne du RER, bien que de nombreuses sections aient été ouvertes plus tard que d'autres du fait de travaux d'extension et de rénovation.

Cela dit, quand on examine un plan du RER, c'est une impression de vertige que l'on ressent devant cette toile d'araignée avec autant de lignes et de branches qui s'enchevêtrent : Cergy-Pontoise, Marne-la-Vallée — Chessy, Mitry-Claye, Dourdan-la-Forêt, Robinson, Melun, Tournan-en-Brie, pour n'en citer que quelques-unes sur les lignes A, B, C, D et E.

Néanmoins, quelques notions de base sont à maîtriser pour s'approprier rapidement le plan général et s'en sortir comme un chef (de gare !) :

– le sens de circulation des lignes du RER est relativement simple à comprendre : les lignes A, C, E circulent d'est en ouest (et inversement), tandis que les lignes B et D traversent la région parisienne du nord au sud (et inversement) ;

– il est possible de se repérer grâce à la signalétique couleur des cinq lignes : rouge pour la ligne A, bleu pour la ligne B, jaune pour la ligne C, vert pour la ligne D et violet pour la ligne E. Ces codes couleur vous accompagnent tout au long de votre trajet sur la ligne concernée, bien que leur lisibilité ne soit pas toujours évidente ;

– la ligne la plus pratique, la plus confortable et la plus rapide reste la ligne A ou la « ligne des superlatifs ». Elle dessert les stations les plus prestigieuses dans Paris intra-muros en quinze minutes direct : Charles-de-Gaulle — Étoile, Auber, Châtelet-les-Halles, Gare-de-Lyon et Nation (sens d'ouest en est). Ses rames à deux étages de type MI 2N Altéo et MI 09 peuvent atteindre des pointes de 100 km/h.

C'est aussi la ligne la plus fréquentée d'Europe avec plus d'un million de voyageurs par jour, même si les lignes 1 et 14 du métro ont permis de la décharger quelque peu ;

– toutes les lignes de RER sont saturées aux heures de pointe : entre 7 h et 9 h 30 le matin et entre 16 h 30 et 20 h le soir avec quelques variantes selon les branches, la moitié du trafic étant concentrée pendant ces heures ;

– les performances des lignes de RER en matière de ponctualité, de régularité, de fréquentation, d'accessibilité et autres indicateurs sont détaillées dans différentes études disponibles sur internet à l'occasion d'une simple recherche Google.

Je vous laisse donc le soin d'en prendre connaissance par vous-même, ce livre n'ayant pas vocation à devenir une encyclopédie du RER.

Pour avoir une vision globale, il suffit de se reporter au rapport public de la Cour des comptes sur la qualité de service du Réseau Express Régional en Île-de-France publié le 18 octobre 2023. Celle-ci a jugé la performance des exploitants du RER peu satisfaisante. Les critiques portent particulièrement sur les lignes des RER B et D qui cumulent, selon la Cour, *« un fort trafic, un taux de ponctualité médiocre et une hausse prévisible de leur fréquentation. »*

Une fois ce contexte général intégré, il est indispensable d'adopter une approche graduée et pragmatique quand on veut s'aventurer dans le dédale de galeries du RER.

La première démarche est de repérer ses principaux déplacements en région parisienne. En règle générale, il s'agit de trajets qui relient le domicile au travail si l'on habite en Île-de-France ou de trajets entre le domicile et les lieux de visite si l'on est simplement de passage.
Lorsque la majeure partie de vos déplacements se concentre dans Paris intra-muros, alors le réseau métro-bus-tramway suffira amplement à vous faire voyager tant l'offre de transport y est pléthorique.

Mais comme on dit à Bastia, l'affaire se corse quand il s'agit de déplacements Paris — banlieue (et inversement) ou de banlieue à banlieue. Il vous appartient de faire un choix stratégique entre votre domicile et votre lieu de travail, de stage ou de visite.

Personnellement, j'ai connu plusieurs cas de figure : j'ai habité à Paris et travaillé en banlieue, puis j'ai habité en banlieue et travaillé à Paris, pour enfin habiter en banlieue et travailler en banlieue.

En effet, comme beaucoup de Franciliens en vingt ans, j'ai abandonné l'idée d'habiter à Paris dans une petite surface pour un loyer prohibitif alors que je pouvais m'installer en banlieue près de la campagne pour une superficie doublée et un loyer nettement inférieur. L'essor du télétravail que j'ai expérimenté dès 2007 a fortement contribué à valider ma décision. Il n'en reste pas moins qu'il m'a fallu bien souvent choisir mon domicile, principalement, en fonction de mon lieu de travail.

Grâce au développement de multiples applications dont je reparlerai un peu plus tard et des sites immobiliers sur internet, il est désormais possible, lors d'une recherche de logement, d'intégrer des critères spécifiques aux RER en cochant la mention « proche RER » et même en indiquant la ligne de RER souhaitée. *Mais toutes les lignes de RER ne se valent pas.* C'est ce qu'il faut bien appréhender dès le départ.

Il convient donc de porter son attention sur la performance de la ligne qui vous concerne. Comme l'a souligné la Cour des comptes dans son dernier rapport du 18 octobre 2023 déjà cité, les lignes A et E ont bénéficié d'investissements conséquents de sorte qu'elles sont moins sujettes aux incidents que le reste du réseau francilien.

Pour autant, pour avoir emprunté ces deux lignes très fréquemment, choisir une ligne de RER plus performante n'est pas suffisant. Il faut surtout sélectionner la branche du RER que vous allez emprunter.

Par exemple, la ligne du RER A comprend cinq branches différentes qui sillonnent sept départements : Cergy-le-Haut (département du Val-d'Oise), Poissy (Hauts-de-Seine et Yvelines), Saint-Germain-en-Laye (Hauts-de-Seine et Yvelines), Boissy-Saint-Léger (Val-de-Marne) et Marne-la-Vallée - Chessy (Seine–Saint-Denis et Seine-et-Marne), la ville de Paris étant traversée de part en part comme nous l'avons vu précédemment.

D'expérience, aux heures de pointe, la branche « est » de Marne-la-Vallée - Chessy est plus chargée que celle de Boissy-Saint-Léger. Et même si le nombre de rames mises en service sur le tronçon Marne-la-Vallée - Chessy est supérieur, il ne suffit pas à absorber le « mass transit » des heures de pointe. Il faut donc se préparer à un bain de foule avec des niveaux d'affluence records.

À l'ouest, la branche la mieux desservie reste celle de Saint-Germain-en-Laye par rapport à celles de Cergy-Poissy qui se divise en deux : Cergy-le-Haut et Poissy chroniquement en travaux ces dernières années.

Une autre difficulté s'ajoute à ce labyrinthe : la branche de Saint-Germain-en-Laye est gérée par la RATP et celles de Cergy-Poissy par la SNCF. Les jours d'incidents, de grèves ou d'intempéries, ce petit détail a son importance. La gestion de ce type d'événements imprévus dépend des procédures de chaque exploitant qui ne sont pas toujours harmonisées. Ainsi, lors de la tempête Ciaran de novembre 2023, une partie de la ligne du RER A était à l'arrêt en raison d'arrêts préventifs (ou « stops prévention »), tandis que l'autre partie fonctionnait. Concrètement, je n'avais plus de train en gare de Poissy (branche SNCF Voyageurs), alors qu'à partir de la gare de Saint-Germain-en-Laye, les trains circulaient sur la branche RATP. Quand on sait que les deux communes sont voisines...

Dès lors, il peut sembler pertinent de choisir sa branche de RER en fonction de son itinéraire de délestage en cas d'incident. Par exemple, vous pouvez vous installer à Vincennes, car cette ville est desservie tant par le RER A que par la ligne 1 du métro. À la moindre panne de RER, vous pourrez vous reporter sur le métro, la distance séparant les deux gares métro et RER étant inférieure à dix minutes à pied.

Pour autant, cette démarche sensée au premier abord, n'est fructueuse que si la ligne de délestage ne se trouve pas « en partage de voies » avec la ligne principale.

Je m'explique : si vous habitez Poissy ou Cergy, les lignes J et L du transilien partagent les mêmes voies que celles du RER A. Conséquence, le moindre incident sur ces tronçons RER se répercute sur les lignes du transilien. Et je n'ose même pas aborder la partie trop technique sur les conflits de circulation entre les trains et les choix d'aiguillage confiés aux postes de circulation gérés par les exploitants.

Pour finir, vous pouvez parier sur les branches RER d'avenir. Le réseau du RER est en perpétuelle mutation, grâce aux prolongements de ligne. Ainsi, début mai 2024, trois nouvelles gares du RER E rutilantes sont désormais opérationnelles dont celle de Nanterre-La Folie. Dans le cadre du projet Éole, la ligne E continue sa course jusqu'à Mantes-la-Jolie, son terminus final à l'ouest, avec une mise en service prévue en 2026.
En tout état de cause, il vous est grandement conseillé de tester la branche de la ligne de RER sur laquelle vous avez prévu de vous installer et de circuler fréquemment.

Une analyse plus fine vous amènera à déceler quelques particularités sur chaque branche de RER.

D'abord, les goulots d'étranglement en général, dans les gares à l'entrée de Paris : ce sont souvent (mais pas toujours !) des points de convergence à la jonction des branches du RER comme : les stations Nanterre-Préfecture et Vincennes sur la ligne du RER A ou Noisy-le-Sec sur la ligne du RER E.

Autre cas : le tunnel commun entre Gare du-Nord et Châtelet qui constitue une source majeure des difficultés rencontrées sur les lignes B et D. Le moindre incident à l'entrée ou à l'intérieur du tunnel prend des proportions démesurées engendrant une exaspération bien compréhensible chez tous les usagers en attente aussi bien sur le quai que dans les rames bloquées. Claustrophobes s'abstenir !

Quant à la ligne du RER C, c'est une des plus complexes du réseau avec ses sept embranchements. Un petit incident produit un effet papillon en affectant toute la ligne.

Ensuite, descendons au niveau le plus fin : la gare de RER ! Ne soyez pas étonné, mais certaines gares sont mal desservies, car on ne le remarque pas au début, mais tous les RER ne s'arrêtent pas dans toutes les gares de la ligne. Ils jouent à saute-mouton essentiellement pendant les heures de pointe, puisque les trains peuvent avoir des terminus différents sur la même branche. Par exemple, sur la branche Marne-la-Vallée - Chessy, un train peut avoir pour terminus Noisy-le-Grand ou Torcy ou Marne-la-Vallée - Chessy, les dessertes étant censées tenir compte de la densité de voyageurs. Pour des questions de gestion du trafic, le train peut être « sans arrêt » à certaines gares, ce qui rallonge inévitablement le temps d'attente des usagers qui y descendent ou qui y patientent.

D'autres fois, le train est supprimé au dernier moment. Ayant résidé à Poissy, un des terminus de la ligne du RER A, je déconseille de prendre le train en semaine entre midi et 14 h, car il y a régulièrement des suppressions de trains pendant ce laps de temps. Or, les trains ne circulent que toutes les vingt minutes en dehors des heures de pointe, donc un retard est vite pris si vous avez un rendez-vous à Nanterre et que vous ne souhaitez pas vous reporter sur le transilien SNCF direction Paris.

Enfin, les horaires des branches ne sont pas à négliger si vous travaillez en horaires décalés ou si vous rentrez tard le soir après un spectacle ou un dîner à Paris. Il est préférable de connaître l'heure de votre dernier RER à la station où vous avez l'habitude de le prendre. Même s'il existe des applications bien utiles pour planifier nos trajets, elles ne sont pas toujours fiables et parfois, les mauvaises surprises surviennent lorsque les mises à jour ne sont pas immédiates.

Quelques petites astuces pour vous simplifier la vie :

<u>1° Évitez d'entrer dans Paris si vous en avez la possibilité.</u>

Pour avoir testé plusieurs formules, je préfère les trajets proches de mon domicile. J'ai donc choisi d'habiter et de travailler sur la même ligne de RER, mais sans jamais entrer dans Paris, de sorte que le trajet est rapide et plus reposant en évitant tous les goulots d'étranglement des stations proches de Paris. De fait, en habitant à Poissy (terminus de ligne) et en travaillant à Nanterre-Préfecture, j'avais toujours une place assise au départ du train et je descendais juste avant le rush de la station de la Défense. Car, plus que la durée du trajet, la foule dans le RER en heures de pointe est épuisante à la longue.

<u>2° Soyez « dans le bon sens ! » près de chez vous.</u>

Hé oui ! Vous avez toujours un collègue de bureau qui en discutant avec vous à la machine à café à propos de l'affluence dans le RER vous fait remarquer avec un petit sourire narquois : « Oh, moi ça va, je suis dans le bon sens ! ». Mais c'est quoi ce « bon sens » ?

Le sens dans lequel il y a de nombreuses places libres dans le RER aux heures de pointe. Si vous habitez à Paris et que vous travaillez en banlieue, alors évidemment, vous êtes dans le bon sens, car vous ne subissez pas la foule des banlieusards venus travailler à Paris ou en proche banlieue.

Inversement, si vous venez de banlieue pour entrer dans Paris, même si ce n'est que pour y passer brièvement pour repartir vers une autre destination d'une autre banlieue, vous serez dans le mauvais sens avec des rames bondées dès 7 h du matin et 17 h le soir dans lesquelles il sera impossible de s'asseoir. Et votre calvaire peut se reproduire tous les jours de la semaine pour peu que vous montiez dans un RER qui entre dans votre gare systématiquement rempli à ras bord.

3° Évitez les correspondances.

Ah ! Le drame de la correspondance manquée à quelques secondes près. Tous les voyageurs réguliers du RER ont connu ça. Les portes de la rame se ferment juste devant vous et vous devez patienter 10, 15 voire 30 minutes pour le prochain train. Vous maugréez parce que vous n'avez pas marché assez vite ou vous n'avez pas grimpé les marches de l'escalier roulant quatre à quatre. Évidemment, ce jour-là, il pleut, il neige, il fait nuit, il fait froid. La totale et c'est rageant !

Si les correspondances ne peuvent pas toujours être évitées en fonction de son lieu de travail, elles peuvent l'être dans le cadre des loisirs. C'est une question que je me suis fréquemment posée en réservant un restaurant ou un spectacle. C'est même devenu un conseil entre amis qu'on me lance quand je fais les réservations : « Surtout, prends le restaurant près de Nation. Comme ça c'est direct pour tout le monde et l'on n'aura pas à galérer pour rentrer ! »

Un petit aparté sur la correspondance entre RER et bus de banlieue. Si vous avez l'habitude de commencer très tôt ou de finir tard, évitez d'habiter en banlieue loin de la gare de RER et de devoir prendre un bus pour la rejoindre. Il faut avoir vécu les bagarres entre les passagers à l'arrêt de bus pour s'infiltrer et finalement être compressé pendant tout le trajet du bus pour comprendre ce supplice. Le mot d'ordre, c'est : pas de pitié ! On se fait piétiner et l'on piétine les autres passagers surtout en fin de journée, parce qu'il est 19 h. C'est une question de survie : on veut rentrer chez soi après une journée harassante et là, on n'a plus rien à perdre !

<u>4° Aménagez votre temps de travail si vous le pouvez (selon votre profession).</u>

Un des bénéfices tirés de la période COVID réside dans le développement du télétravail. Quand on exerce une profession éligible au télétravail, il est possible d'aménager sa semaine de travail pour éviter les rushs des journées les plus chargées dans les transports en commun : les mardis et les jeudis. On peut alors faire le choix de travailler surtout les mercredis et les vendredis. Et l'on ressent une certaine légèreté le lundi soir et le mercredi soir à l'idée d'être en télétravail le lendemain. Mais il faut reconnaître que cette satisfaction fugace n'est réservée qu'à certains privilégiés.

Autre possibilité : décalez vos horaires de départ et de retour pour éviter les heures de pointe.

Si vous avez des enfants à l'école, vous rencontrerez des difficultés à opter pour les horaires décalés. Si vous travaillez dans certains secteurs (restauration/commerce, etc.), vos horaires sont par nature déjà décalés et donc tant mieux si vous échappez à la cohue.

Dans les autres cas, si arriver très tôt ou tard au travail ne fait pas sauter la badgeuse ou ne vous attire pas les foudres d'un chefaillon un peu trop pointilleux, il ne faut pas hésiter. Franchement, circuler dans le RER à partir de 9 h 30 jusqu'à 16 h 30 ou après 20 h est plutôt apaisant : on a une place assise quasi garantie et l'on peut profiter du trajet beaucoup plus détendu.

Bilan des courses, pour bien choisir votre ligne de RER :

1° Repérez vos destinations et trajets récurrents ;

2° Vérifiez la performance de la ligne de RER que vous envisagez d'emprunter régulièrement en jetant un coup d'œil aux baromètres de performance réalisés mensuellement ;

3° Testez la branche de RER que vous avez sélectionnée pendant quelques jours pour détecter les points de fragilité de votre parcours.

Fort de ces conseils, vous voilà fin prêt pour prendre le RER, mais vous n'êtes qu'au début de votre aventure...

CONSEIL N° 2 :

Bien choisir

sa voiture ou son wagon

୫୦ 🚆 ଓଈ

Une des meilleures améliorations que j'ai pu constater en vingt ans sur le réseau du RER, c'est l'évolution du matériel roulant. En effet, j'ai vécu le passage des rames de la ligne A à un niveau avec des voitures aux sièges inconfortables et aux couleurs défraîchies, rouges et bleus, aux rames à deux niveaux qui ont permis d'augmenter sensiblement la capacité d'accueil des usagers. Évidemment, les investissements ont été très différents selon les lignes de RER. Comme le souligne la Cour des comptes dans son rapport public d'octobre 2023, *« la ligne A a bénéficié d'un programme d'investissement ambitieux avec le déploiement d'un nouveau matériel roulant. [...] À l'opposé, sur la ligne B, faute de renouvellement, l'âge moyen des matériels s'approche de 38 ans. »*

Il ne fait aucun doute que cette différence se ressent physiquement pour les passagers.

Rien à dire... un train à deux niveaux, ça change une vie de sardine serrée : des portes plus larges pour fluidifier le passage des voyageurs, des sièges plus confortables pour votre popotin, un espace adapté aux bagages et aux poussettes des enfants, et une impression de clarté, de propreté du fait des couleurs choisies.

Mais détrompez-vous, même si j'apprécie les rames à deux niveaux des RER A, je préfère encore celles à un ou deux niveau(x) du RER E plus colorées, plus feutrées et plus modernes, et surtout *sans cloison intérieure* de sorte que l'on peut changer de place comme et quand on veut.

En dépit de ces modernisations du matériel roulant à l'exception du RER B avec ses rames à un niveau, j'ai tout de même quelques conseils à vous donner sur le choix de la voiture ou du wagon de RER, le terme « voiture » étant plus adapté au transport de personnes.

Croyez-moi, le choix d'une voiture ne se fait pas au hasard. Mais tout dépend de votre profil et de ce que vous recherchez...

Vous aspirez à une voiture vide ou avec peu de passagers, vous pouvez faire le choix des première et dernière voitures de la rame : celles en tête et en queue de train. En général, une fois l'heure de pointe passée, ce sont les voitures les plus tranquilles, idéal pour lire ou travailler surtout quand vous avez un trajet particulièrement long.

Personnellement, j'ai mis à profit mon temps de trajet matinal de plus d'une heure pour préparer ou relire certains dossiers dans ce type de voiture. En fait, j'ai pris l'habitude de toujours emporter dans mon sac un peu de travail sauf le soir (trop fatiguée !).

Ainsi, je n'ai jamais l'impression de perdre mon temps pendant le trajet en RER. C'est l'un des avantages des transports en commun, par rapport à la voiture ou au vélo.

Par ailleurs, opter pour la voiture de tête ou de queue de train atténue le choc de l'affluence des grosses stations de RER. Prenons le cas de la gare de la Défense ! Quand vous y arrivez en provenance de Saint-Germain-en-Laye ou de Cergy, le train vers Paris est moyennement rempli en dehors des heures de pointe, bien sûr.

Mais vous savez qu'à la Défense, la foule va débarquer et que la voiture va se remplir très rapidement. Comme les voyageurs sont pressés et que les sorties avec escalators ne sont pas situées en face des première et dernière voitures, vous subissez beaucoup moins le rush.

En revanche, en soirée, le phénomène inverse peut se produire si vous êtes dans un train court, c'est-à-dire une rame réduite de moitié. C'est d'ailleurs pour cela que sur le quai, vous apercevez l'inscription « Arrière des trains courts » sans y prêter attention jusqu'au jour où vous devez piquer un sprint « à la Usain Bolt » pour attraper votre RER. Et là, tout le monde se retrouve entassé dans les première et dernière voitures ! Hé oui, train court, train piégeux !

Autre possibilité, vous souhaitez débarquer du RER rapidement afin de vous précipiter vers la sortie et vous y engouffrer avant tout le monde pour éviter la queue aux portiques de sortie. Vous allez donc rapidement repérer la voiture qui s'arrête sur le quai en face de votre sortie habituelle. Mais pas sûr que vous gagnerez du temps, car d'autres auront eu le même raisonnement que vous. Par conséquent, votre voiture prendra beaucoup plus de temps pour se vider.

A contrario, vous n'êtes pas pressé (ce qui était souvent mon cas) et vous vous positionnez très loin de la sortie de façon à remonter un peu le quai — tout dépendra du nombre de sorties accessibles sur votre quai.

En agissant de la sorte, vous marchez un peu plus, l'activité physique étant conseillée, cela vous fera du bien. Mais surtout, le gros bouchon qui se sera formé devant la ou les sorties sur le quai aura disparu quand vous y arriverez. Pareil pour la queue aux portiques de sortie.

Vous promenez votre enfant en poussette, vous partez en vacances avec des bagages, vous transportez un objet encombrant, il vaut mieux privilégier les voitures qui offrent des emplacements réservés aux encombrants dès la plateforme d'entrée surtout si la rame est constituée de deux niveaux. Vous n'avez aucune envie de trimbaler votre paquet en haut ou en bas et de déranger les passagers qui ne manqueront pas de vous le faire sentir.

Pour les trottinettes et les vélos, il est régulièrement demandé d'éviter les heures de pointe ou de les plier. Consigne hélas rarement respectée !

Sur la ligne du RER B, certaines rames comportent des porte-bagages bien pratiques lorsqu'elles circulent en direction de Roissy–Charles-de-Gaulle. Naturellement, il ne faut pas oublier votre bagage en descendant. Comme dirait la publicité RATP, « un sac oublié, c'est en moyenne une heure de trafic perturbé ! »

Enfin, votre choix de voiture peut reposer sur un dernier critère indicible à voix haute : celui des passagers déjà assis dans la voiture. Mais nous y reviendrons dans la quatrième partie consacrée aux compagnons de voyage, car il est très rare que vous voyagiez seul dans une rame de RER. Ce ne serait plus un transport en commun...

CONSEIL N° 3 :

Bien choisir son siège

ॐ 🚆 ଔ

Vous vous en doutez, tout comme il existe différents types de voitures de RER, il existe également différents types de sièges dans une voiture. Bien entendu, tous ne se valent pas. Et le trajet pouvant s'avérer très long au regard de votre destination, émaillé parfois par quelques incidents, il vaut mieux avoir le fessier bien assis.

Une voiture classique est constituée de rangées de sièges à une, deux ou trois places. Le principe est qu'il ne faut être ni gros ni grand. Le RER exige minceur et taille moyenne. Ainsi, la largeur des sièges est insuffisante si vous êtes un peu enrobé et vous avez tendance à « déborder » sur celui d'à côté, au risque d'avoir les accoudoirs (quand il y en a) enfoncés au niveau des côtes ou des reins.

Quant à l'espacement pour les jambes, il vaut mieux ne pas mesurer plus de 1 m 75, car vous allez toucher les genoux de votre voisin d'en face. Alors autant rester debout sur la plateforme d'entrée, vous aurez moins mal aux articulations à la fin du trajet.

Dans le même ordre d'idée, l'hiver est une saison difficile à passer : la doudoune que vous portez pour vous protéger du froid vous fait ressembler à un Bibendum ambulant et quand vous vous asseyez avec, vous allez inévitablement déborder sur le siège d'à côté et gêner votre voisin qui, lui aussi, se débattra avec sa doudoune de Bibendum. Bref, c'est le choc des Bibendum !

Ensuite, si vous observez la façon dont votre voiture de RER se remplit, il n'y a pas de hasard. Les sièges uniques et les rangées à deux places sont rapidement occupés. Mais vous verrez que certains sièges ne rencontrent aucun succès : il s'agit des fameux « sièges du milieu » dans les rangées à trois sièges. La plupart du temps, les usagers ne les utilisent qu'en dernière extrémité, c'est-à-dire aux heures de pointe. Et dès que le siège d'à côté se libère, ils se poussent rapidement pour laisser libre celui du milieu. Tout simplement parce qu'il est désagréable d'être serré contre son voisin.

Une autre technique employée par certains petits malins consiste à se positionner dès le départ sur le siège du milieu d'une rangée de trois places, ce qui décourage pendant un moment tout passager de s'asseoir à leur droite ou à leur gauche. Mais cela ne dure qu'un temps...

Quand vous êtes grand, il vous faudra essayer de trouver une position confortable pour orienter vos jambes vers la gauche ou vers la droite et ainsi ne pas toucher les genoux de celui d'en face. C'est ce qu'on appelle la flexibilité des rotules. Certains voyageurs iront même jusqu'à préférer s'asseoir dans les escaliers des rames à deux niveaux pour détendre leurs jambes, tout en bloquant partiellement le passage.

Si la rame de RER est bondée, le choix du siège doit être stratégique :

– Si vous descendez dans peu de stations, privilégiez un siège proche de la sortie, ce qui vous évitera de déranger tout le monde pour vous extirper du wagon ;

– Si vous descendez dans une gare à forte affluence telle que Châtelet-les-Halles ou Gare-du-Nord, vous pouvez opter pour n'importe quel siège ; car la moitié des passagers descendra en même temps que vous.

Pour autant, ne soyez ni le premier ni le dernier à descendre ! Dans le premier cas, la foule qui trépigne à l'extérieur ne vous laissera pas sortir et le choc frontal peut être brutal. Autant envoyer quelqu'un d'autre en éclaireur pour vous ouvrir le chemin. Hé oui, le message : « laisser descendre avant de monter » a toujours du mal à passer chez certains usagers en dépit des annonces répétées du speaker !

Dans le second cas – quand vous êtes le dernier –, la foule trépignante foncera sur vous comme un pack de rugbymen. Pour peu que le conducteur pressé du RER fasse retentir le signal de fermeture des portes, c'est la vague déferlante et vous resterez bloqué dans la voiture sans avoir pu en descendre !

Heureusement que depuis quelques années, dans les gares à forte affluence, les assistants de régulation de la RATP interviennent en heures de pointe pour fluidifier les montées et descentes de train. Malheureusement, ils n'ont aucune autorité pour obliger les voyageurs à adopter un bon comportement. Et certains ne comprendront jamais qu'il faut « laisser descendre avant de monter » ! Je sais, je me répète, exprès !

– Si vous êtes dans une voiture remplie à ras bord dans tous les couloirs et sur toutes les plateformes, il faut vous protéger des coups de coude ou de sac à dos intempestifs que vous recevrez sur la tête. Alors, prenez un siège sur une rangée de 2 ou 3 places côté fenêtre et non côté couloir. En plus, on n'y fait pas toujours attention, mais il y a un espace supplémentaire de ce côté-là qui permet de reposer son coude endolori.

– Si vous êtes victime de « manspreading » ou en français « d'étalement masculin », vous êtes en général une femme (même si n'importe qui peut se tenir mal) et vous subissez le fait que certains hommes prennent une place disproportionnée sur les sièges du RER, en écartant les jambes et en vous laissant le moins d'espace possible. Vous vous ratatinez sur votre siège sachant que vous ne pouvez pas toujours croiser les jambes (flexibilité des rotules !) sans gêner votre voisin d'en face.

Alors, il vous faut faire comprendre au cow-boy à vos côtés de fermer un peu ses jambes. Vous pouvez bouger votre jambe de contact comme si vous étiez atteinte brusquement du syndrome des jambes sans repos. Soit votre cow-boy est un gentleman et comprend le message en refermant un peu sa jambe envahissante, soit votre cow-boy est un parfait goujat et il va, au mieux vous ignorer, au pire s'étaler encore plus. Dans ce dernier cas, changez de place !

Enfin, le défi ultime : votre train arrive en gare complètement bondé, plus une place assise !

Normalement, si votre voiture possède des strapontins, alors vous assisterez à la séquence dite « du lever collectif des strapontins ». C'est une des règles implicites des métros-RER. Le voyageur francilien la connaît par cœur : libérer de l'espace en se levant de son strapontin. Mais, parfois quelques récalcitrants refusent de s'y soumettre. Pas d'inquiétude, ils le paieront chèrement par un écrasement méticuleux de leurs orteils (surtout si vous avez des talons hauts) et par quelques coups de sac à dos bien sentis dans leur crâne...

Autre petit conseil en cas de cohue : positionnez-vous sur la plateforme d'entrée de préférence dans un coin pour éviter d'être ballotté par le flux constant des arrivants et des sortants. Ou mieux : dans les escaliers où vous aurez pignon sur rue pour surveiller les places qui se libèrent au fur et à mesure.

Quant à celles debout sur les plateformes à l'entrée, elles deviennent parfois microscopiques et il vous faudra jouer des coudes et écraser quelques pieds. Bien entendu, les températures seront caniculaires ce jour-là. Bref, c'est le sauna assuré !

Alors, si vous n'êtes pas pressé, regardez l'affichage et prenez le ou les trains suivants s'ils s'enchaînent une ou deux minutes après. À un moment, il faut penser à soi et à arriver au travail ou chez soi dans un état physique et psychologique décent.

Pour finir, l'intelligence artificielle en plein essor apportera vraisemblablement une solution afin de vous aider à dénicher rapidement une place assise. En effet, une nouvelle technologie développée pour les Jeux olympiques (vive les JO !) permet désormais de connaître l'affluence de la rame qui entre en gare.

Sur les écrans d'affichage, les wagons les plus bondés sont signalés à l'avance de façon à modifier le positionnement des voyageurs sur le quai. Ce tout nouveau dispositif couvre déjà une quarantaine de gares des RER B, D et E et devrait s'étendre prochainement à tout le réseau du RER. De quoi réjouir nos fessiers !

<u>CONSEIL N° 4 :</u>

Bien choisir
ses compagnons de voyage

ဆ 🚃 ๏

Dans les transports en commun, on ne choisit pas ses compagnons de voyage. On les subit. Pourtant, ce n'est pas une fatalité. Parfois, il faut savoir faire preuve d'un peu de bon sens pour s'assurer de voyager dans de bonnes conditions ou pour éviter de se retrouver dans des situations délicates.

Ainsi, tout dépend de la gare où vous prenez le train. Si vous êtes au terminus de départ, vous avez clairement la possibilité de choisir votre voiture et de faire attention aux voyageurs qui l'occupent déjà avant de vous asseoir. D'habitude, il y a de la place et vous pouvez facilement changer de siège. En revanche, aux heures de pointe, sur l'axe banlieue — Paris, le train se remplissant au gré des gares RER, vos options deviennent de plus en plus limitées et quasiment inexistantes lorsque vous êtes arrivé aux portes de Paris. Le phénomène inverse se produit quand vous quittez Paris pour rejoindre la banlieue.

Mais dans tous les cas, il y a des profils de voyageurs à éviter sous peine de mauvais trajet.

Je vous ferai grâce des cogneurs en tout genre, des briseurs de côtes qui vous donnent des coups de coude en fouillant frénétiquement dans leur sac, des briseurs de lombaires qui donnent des coups de pied dans votre siège et des écraseurs de pieds avec leurs valises, leurs gros sacs à dos toujours accrochés à leurs dos, leurs objets encombrants et leurs poussettes.

Je passerai aussi sur ceux qui se prennent pour Lewis Hamilton avec leurs vélos et leurs trottinettes ou encore sur les gamins qui crient et qui courent partout en slalomant entre les voyageurs, c'est du vu et revu dans tous les transports en commun. Quant aux mendiants qui font la manche, les réseaux mafieux qui pullulaient dans les rames de RER avec un petit message cartonné laissé près de votre siège il y a quelques années se sont taris. Et puis, on ne sait jamais si un jour, on ne sera pas à leur place. Donc, restons humbles !

Je vais plutôt m'attarder sur certains profils « problématiques » qui renvoient à des questions plus sérieuses d'hygiène, de santé mentale, de savoir-vivre ou de savoir voyager.

1° Les « malodorants »

Dans la catégorie des « malodorants », je ne range pas seulement les sans-abri (qui pour le coup, ont une raison valable), mais tous ceux qui sentent : l'alcool, le tabac, le shit, ceux qui ont oublié le concept de déodorant en été et dont les effluves nauséabonds des aisselles remontent à votre nez, et même ceux qui nettoient leurs narines et vous balancent leurs crottes. Bref, une catégorie bien large. La plupart du temps, une voiture avec un « malodorant » se détecte rapidement. Quand il arrive en gare, il y a beaucoup de places assises libres autour de l'intéressé. Une petite zone sanitaire de tampon s'est créée autour de lui et cette simple constatation doit vous mettre la puce à l'oreille.

Pire, la dernière voiture de la rame de RER que vous aviez peut-être choisie pour sa tranquillité peut se transformer à certaines heures en bar à chicha, mais pas pour y fumer du tabac. Et là, impossible d'y rentrer. Alors, passez votre chemin ou rebroussez chemin, tout dépend de votre direction. Mais surtout, sauf si vous avez le nez bouché, ne vous asseyez pas à côté du passager « malodorant », car l'odeur peut vous suivre jusque chez vous en imprégnant vos vêtements ou vos cheveux.

Si la RATP affirme lutter après signalements grâce au numéro gratuit **3117** contre plusieurs de ces problèmes récurrents en mettant en place des campagnes de sensibilisation ou des interventions « coup de poing » quand il s'agit d'attitudes ou d'activités répréhensibles, c'est avant tout une question de savoir-vivre et de respect de soi et des autres. Mais ces concepts semblent dépassés...

<u>2° Les « barjots »</u>

Je commencerai par une anecdote sur une petite mésaventure qui m'est arrivée alors que j'empruntais le RER de Poissy aux alentours de midi pour rentrer chez moi. J'étais assise dans l'avant-dernière voiture d'un train long, nous n'étions que deux passagers quand un individu est monté à la gare de Nanterre-Préfecture et s'est mis à hurler et à balancer des coups de pied dans tous les sièges.

On était au beau milieu de la journée dans une voiture paisible et à l'entrée du « barjot de midi », la peur s'est installée en une fraction de seconde. Nous avons assisté à un déferlement de violences et j'ai compté les minutes qui me séparaient de la gare de Houilles — Carrières-sur-Seine, mon prochain arrêt.

Mon siège a reçu un violent coup de pied qui m'a effleurée, mais je n'ai pas bronché. Dans ces situations, impossible d'anticiper une réaction cohérente.

Je m'apprêtais à descendre quand le « barjot de midi » a brusquement décidé de changer de voiture avant le signal de fermeture des portes. Il a recommencé dans la voiture d'à côté. De ce fait, j'ai préféré rester dans la mienne.

En réalité, ce type d'individu au comportement totalement imprévisible peut se rencontrer à n'importe quelle heure de la journée ou de la nuit et ce, dans n'importe quelle gare. Même si l'expression « barjot du midi » peut choquer, le problème posé est celui du parcours d'errance des personnes atteintes de troubles mentaux. L'accès aux soins psychiatriques étant tellement défaillant ces dernières années, un bon nombre de personnes déséquilibrées passent le temps en se baladant dans le métro ou dans le RER. Il n'est donc pas rare d'être confronté à ce type de situation, avant qu'un drame ne se produise et ne fasse la une des médias...

A contrario, il ne faut pas confondre les « barjots » avec des personnes apparemment saines d'esprit qui se donnent parfois en spectacle. Car, oui, le RER peut être une véritable cour des miracles. Et ces situations parfois hilarantes sont épinglées par le compte Instagram « #Lesgensdanslemetro ». Jetez-y un coup d'œil, ça vaut le détour...

3° Les « frotteurs »

Le frotteurisme n'est pas une vue de l'esprit pour féministe acharnée, mais un véritable fléau dans les transports en commun et par voie de conséquence, le RER n'y échappe pas.

Le terme « frotteur » est utilisé pour désigner un individu qui recherche par le frottement un contact physique avec une personne non consentante dans le but d'en retirer une jouissance principalement sexuelle. Les frotteurs sévissent depuis les escalators jusque dans les rames très fréquentées où il est simple d'opérer en heures de pointe.

Si la RATP a, ces dernières années, sensibilisé les voyageurs, il n'en demeure pas moins que les traquer n'est pas chose facile.

En fait, la meilleure réaction est celle de la victime qui prend la parole à voix haute pour démasquer son agresseur, car il s'agit bien d'une agression sexuelle punie par la loi. D'autres postent sur les réseaux sociaux des vidéos de frotteurs en action, afin de les « afficher », avant que la BLAST (brigade de lutte contre les atteintes à la sécurité des transports) ne leur mette le grappin dessus.

4° Les « greffés du téléphone portable »

J'ai connu une époque où il y avait encore des livres (des vrais !) lus par les voyageurs et un calme relativement studieux dans les rames du RER. Maintenant, tout le monde a un téléphone portable qui sert à tout. Depuis, le nombre d'incivilités a nettement augmenté...

Certains usagers ont un téléphone portable greffé à leur oreille et à leur bouche de façon à ne jamais le lâcher quoi qu'il arrive. Pire, ils dialoguent systématiquement avec leurs haut-parleurs à fond comme s'ils se trouvaient dans leur salon. Ils entrent en parlant fort, ils vous feront profiter de leurs problèmes personnels durant tout le trajet et repartiront en parlant toujours aussi fort.

Ces voyageurs ne s'arrêtent jamais : dans la rue, dans le RER, à la cafétéria, chez le médecin, partout, ils parlent comme des moulins à paroles ! D'où vient ce besoin viscéral de parler continuellement et surtout d'étaler sa vie au grand jour sans aucune discrétion ? Mystère... A-t-on besoin de savoir que la box de Winny est en panne, que Kévin parle en dormant ou que le chien d'Aurélie a un menu végétarien pour maigrir ?

À côté d'eux, vous trouverez le temps long si vous n'avez pas apporté un casque pour écouter de la musique et ne pas subir leur tapage incessant. Vous serez ravi que le réseau soit coupé dans certaines gares ou au cours du trajet.

Mais ce bonheur ne sera que temporaire, car juste après cette bulle de silence, le babillage reprendra de plus belle avec la fameuse phrase : « Désolé, ça a coupé, oui, alors je te disais que... ». Et c'est reparti de plus belle !

Passons au stade supérieur ! Avec le développement des capacités de stockage des téléphones portables et des réseaux 4G/5G, il est possible d'écouter de la musique, un podcast, de visionner un film ou une série télé ou encore de « scroller » à l'infini sur les réseaux sociaux pour faire passer le temps du trajet. Mais il semblerait que les casques, les AirPods ou les écouteurs ne soient plus d'actualité pour certains voyageurs. Le haut-parleur devient la loi ! Combien de fois me suis-je retrouvée à devoir écouter la musique criarde ou les hurlements des commentateurs d'un match de foot lorsque des passagers refusent de mettre leurs écouteurs ? À aucun moment, l'idée ne les effleure qu'ils gênent d'autres passagers qui n'ont pas envie d'écouter leur musique ou leur émission. Et ce n'est pas parce qu'ils se croient seuls dans une partie de la voiture qu'à l'autre bout, on ne les entend pas. Le son se propage partout. S'il s'agit d'une peur des ondes électromagnétiques, il suffit d'attendre d'être rentré chez soi pour écouter sur haut-parleur le replay de son émission favorite. De toute façon, personne n'ose rien dire... C'est la loi du silence contre ces nuisances sonores insupportables.

Quant aux campagnes de sensibilisation de la RATP, elles ne servent pas à grand-chose... Les stickers sur la discrétion téléphonique sont invisibles dans les rames de RER. Et ces campagnes de sensibilisation glissent sur les voyageurs comme l'eau sur les plumes d'un pigeon parisien. La dernière en date *« parce qu'on est dans le même train »* en novembre 2023 a semblé inaudible. Je n'en avais jamais entendu parler avant de consulter les blogs des RER A et RER B pour les besoins de ce livre.

Pendant ce temps, le phénomène prend de l'ampleur ! Ce type de comportement se rencontre désormais dans tous les espaces publics et dénote un vrai manque de savoir-vivre chez certains de nos concitoyens. Parfois, on rêve d'avoir un brouilleur à portée de main pour leur couper le réseau.

🕭 🚆 🕮

Voilà un petit florilège des profils de nos compagnons de voyage parfois invivables. Si vous les rencontrez, je n'ai qu'un conseil à vous donner : CHANGEZ DE PLACE, et ce, <u>immédiatement</u>. N'attendez pas !

Pas de timidité mal placée ou de pudeur de gazelles comme dirait un homme politique bien connu. Plus vous attendrez, moins vous aurez le courage de changer de place. Surtout, vous vous direz pour atténuer votre malaise : ça va, je descends dans 4 arrêts, ensuite dans 3 arrêts, etc. Et vous ne bougerez pas.

Dommage ! Ne craignez jamais de changer de place plusieurs fois ou de changer de voiture, voire carrément de descendre du train. Préservez votre santé mentale !

<u>CONSEIL N° 5 :</u>

Bien gérer les incidents

À titre liminaire, je précise que ce chapitre est consacré aux incidents (en général, inopinés) susceptibles de se produire sur les lignes de RER et non aux grèves annoncées qui nécessiteraient qu'on y consacre un chapitre spécial.

Alors, les incidents du RER ? Le cauchemar de tout usager ! Et ce, quelle que soit la ligne empruntée. Bien entendu, l'incident survient habituellement aux heures de pointe, en début de matinée ou en fin de soirée. Là, vous savez qu'un grain de sable suffit à enrayer tout le trafic et c'est la galère qui commence...

Alors, inutile de se lancer dans une liste exhaustive à la Prévert. Un petit échantillon d'incidents suffira comme mise en bouche :

– l'avarie de train, les problèmes d'installation du gestionnaire du réseau ou encore le rail cassé ;

N'oubliez pas que le réseau du RER circule sur 602 km en intérieur tout comme en extérieur, en souterrain, en rase campagne ou en pleine forêt. C'est toute une faune qui passe, repasse et parfois trépasse sur les voies du RER. Chèvre, lapin, renard, cygne, oiseau, chauve-souris et bien entendu, la star des rails : le surmulot parisien qui se délecte des fils électriques en les rongeant et provoque « l'incident de réseau » ;

– les actes de malveillance : le tirage du signal d'alarme ou les actes de vandalisme et de dégradations volontaires.

Selon le blog du RER A, 50 % des signaux d'alarme sont tirés sans raison valable !

– l'objet délaissé dont le fameux « colis suspect » ;

– les personnes sur les voies, même si je ne comprends toujours pas pourquoi certains marchent sur les voies du RER. C'est comme si elles traversaient une autoroute à pied !

– le malaise et l'accident grave de voyageurs.

Sachant qu'une rame de RER A à deux niveaux peut contenir jusqu'à 2 600 voyageurs en heures de pointe, je vous laisse imaginer le drame qui se noue lors d'un incident...

Si certaines avaries peuvent être rapidement résolues par le conducteur en manipulant quelques commandes, il n'en va pas de même pour une caténaire presque centenaire (oui, il y en a encore selon le rapport de la Cour des comptes) ou un rail cassé qui nécessitera la mise en œuvre d'une tout autre procédure avec l'évacuation potentielle de votre rame.

Par ailleurs, tout dépend de votre ligne de RER, celles qui ont bénéficié de travaux de réfection estivaux ou d'investissements importants connaissent moins d'incidents sur leurs matériels roulants que les autres. Comme je l'ai indiqué précédemment, il faut vous reporter aux statistiques de ponctualité des lignes. Récemment, plusieurs articles de presse ont dénoncé l'état de la ligne du RER C, quatrième ligne de RER en matière de fréquentation, qui souffre de pannes et de retards chroniques depuis des mois en raison d'un matériel défaillant et d'un manque d'agents de conduite.

S'agissant de l'objet délaissé : sac à dos, valises, colis sous un siège, les exploitants du RER ont déjà mené de nombreuses campagnes de sensibilisation.

Rien n'y fait, le nombre d'incidents a significativement augmenté au cours de l'année 2023 selon le blog du RER A. Et, avec le plan Vigipirate élevé à son plus haut niveau « urgence attentat » depuis le 13 octobre 2023, gérer ce type d'incident relève de la croix et la bannière. La procédure est largement décrite sur les blogs des différentes lignes de RER : de la phase de lever de doute au déminage du colis suspect. Bref, prévoyez au minimum une bonne heure de perturbation...

En ce qui concerne le malaise voyageur dans le RER, il est interdit de déplacer le malade sinon la responsabilité pénale du transporteur pourrait être recherchée surtout si la victime est inconsciente. Donc, il faut prendre son mal en patience et attendre l'arrivée des pompiers qu'il ne faut pas tarder à prévenir.

Néanmoins, l'accident voyageur reste l'événement le plus grave et le plus marquant pour la communauté des usagers du RER.

Dès que vous voyez le message s'afficher sur l'écran d'information du quai ou quand vous entendez l'annonce du conducteur, vous pensez très souvent à un suicide de voyageur. Et l'on imagine instantanément la violence de ce type de suicide, sans compter son impact psychologique sur le conducteur ou sur ceux qui y ont assisté. Pour être arrivé sur un quai de RER juste après un tel drame qui m'a marquée, je ne développerai pas plus.

Très rarement, des « pousseurs fous » peuvent opérer sur certaines lignes de métros ou de RER en projetant un voyageur sur les rails. Ils sont classés comme des malades mentaux souvent sans-abri et avec un lourd passif psychiatrique, qui ont perdu le sens de la réalité et qui choisissent un usager au hasard en interprétant un regard.

೮ 🚆 ಣ

Alors, que faire face à tous ces événements si vous n'y voyez pas une opportunité pour un moment de méditation forcée ?

<u>1° Se tenir informé !</u>

L'information, c'est le nerf de la survie.

Elle commence par l'installation d'une application idoine sur son téléphone mobile : RATP, IDF Mobilités, Citymapper, Moovit, Google Maps (surtout si vous devez marcher), fils d'information sur X (anciennement Twitter) de votre ligne de RER pour n'en citer que quelques-unes. Les applications redoublent d'ingéniosité pour vous conseiller le meilleur trajet.

Il faut toujours les consulter avant de partir pour vérifier qu'il n'y a pas d'incident sur votre ligne. Vous pourrez vous organiser en conséquence.

Attention, certaines ne sont pas très fiables, d'où l'intérêt de tester plusieurs applications ou d'en télécharger au moins deux sur son téléphone afin de comparer les résultats. D'autre part, lorsqu'il n'y a pas de réseau (comme en sous-sol du RER A à la gare de Nation), vous êtes coincé ! Il vous faut remonter à la surface.

<u>2° Trouver rapidement un itinéraire de substitution</u>

Plusieurs possibilités :

– soit la RATP, soit la SNCF vous informe des lignes de délestage pour vous permettre d'adapter votre trajet par une annonce au micro ou grâce aux agents présents sur les quais. Si vous êtes chanceux, une heure estimative de reprise du trafic vous est indiquée...
– soit votre application de téléphone mobile est consultable et vous propose un itinéraire de substitution ;
– soit vous changez de mode de transport : métro, bus, tramway. Ainsi, comme nous l'avons évoqué précédemment, la ligne 1 du métro sert de délestage pour le RER A entre la Défense et Nation voire Vincennes, la ligne 4 pour le RER B entre Gare-du-Nord et Denfert-Rochereau.
– soit vous avez anticipé les incidents et vous connaissez votre itinéraire bis qui consiste à faire des sauts de puce entre les tramways et les bus si vous habitez en banlieue parisienne.

Dans tous les cas, ne perdez pas de temps, car tout le monde aura la même idée que vous ! L'itinéraire de substitution est vite connu. Préparez-vous au rush !

<u>3° Avoir un kit de survie dans son sac</u>

Parfois, il est possible de stationner pendant un long moment entre deux gares de RER ou dans un tunnel. J'en ai régulièrement fait les frais sur la ligne du RER B, coincée entre la Plaine-Stade-de-France et Gare-du-Nord juste avant l'entrée du tunnel commun des RER B et D.

À emporter avec soi : un petit kit de survie spécial RER comprenant une petite bouteille d'eau, un fruit ou une compote en gourde ou une barre de céréales, des mouchoirs, un mini-ventilateur rafraîchissant ou un éventail en période de fortes chaleurs si la voiture n'est pas climatisée. En plus, vous verrez que l'éventail permet régulièrement d'engager la conversation avec ses compagnons d'infortune.

Un point à ne jamais ignorer dans les transports en commun : s'équiper de bonnes chaussures pour marcher. Vous pouvez ainsi opter pour une paire de tennis que vous laissez au bureau au cas où.

Autre solution : vous portez des tennis dans le RER et laissez vos chaussures de ville dans un placard au bureau pour les enfiler en arrivant.

4° Prévoir une activité

Travail ou loisirs, peu importe. À l'heure des portables (ordinateurs et téléphones), pas de difficultés pour passer le temps durant l'incident, à condition de mettre son casque ou ses écouteurs !

5° Pensez à justifier son retard

Certains employeurs vous demandent de justifier votre retard, voire votre demi-journée d'absence, dans la mesure où le trafic peut être perturbé pendant quelques heures et que la reprise est incertaine.

En fonction des branches sur lesquelles vous voyagez, il vous faudra vous adresser à la RATP ou à la SNCF. Selon les blogs des différentes lignes de RER, une attestation de perturbation est délivrée en gare de RER au guichet par un agent de la RATP pour des incidents ayant généré une perturbation supérieure à 15 minutes. Pour un retard survenu à une date antérieure, c'est le service RATP clientèle qu'il convient de contacter.

Côté SNCF, un bulletin de retard peut être sollicité pour un allongement de temps de trajet de plus de 5 minutes soit au guichet de la gare soit sur le site web dédié (https://bulletinsretard.transilien.com/).
Seuls les horaires de train des trois derniers jours sont disponibles.

6° Profitez des campagnes de remboursement

Le baromètre de la ponctualité des lignes de RER et du transilien est édité par Île-de-France Mobilités et est consultable chaque mois sur internet. En avril 2024, le taux de ponctualité le plus faible est toujours détenu par les branches Dourdan-la-Forêt et Saint-Martin d'Étampes de ligne du RER C et par la branche Aulnay-Mitry-Claye sur la ligne du RER B, en dépit de timides progrès depuis le début de l'année 2024.

Certaines lignes du RER n'ayant pas atteint leurs objectifs en matière de ponctualité — soit moins de 80 % sur une période d'au moins 3 mois, une campagne de remboursement pour dédommager les abonnés Navigo est organisée. Pour l'année 2023, les lignes de RER concernées sont la A, B, C et D.

La plateforme Île-de-France Mobilités vous permet de déposer votre demande et de découvrir le montant de votre remboursement. Attention aux dates d'ouverture et de fermeture de la campagne pour soumettre sa demande. Et surtout, attention à certains mails frauduleux pour vous soutirer votre numéro de carte bancaire ! L'hameçonnage est une pratique prospère ces temps-ci.

Eh bien voilà, vous connaissez maintenant les ficelles pour vous en sortir dans le RER. Vous êtes fin prêt pour sélectionner votre ligne de RER, votre voiture, votre siège, et voyager en toute sécurité tout en gérant les incidents. Pas de panique, tout ira bien. Vous aurez vite fait de prendre le pli.

Par la suite, vous apprendrez à savourer des tranches de vie en étant témoin de situations agréables (oui, ça existe dans le RER !), inattendues ou amusantes comme :

– le premier train du RER aux environs de 5 h 30 du matin où vous retrouvez parfois les vieux habitués avec qui vous finissez par échanger quelques mots, même si tout le monde est un peu endormi ;
– dans le même ordre d'idée, le RER du dimanche matin entre retour de boîtes de nuit pour certains fêtards et départ pour le déjeuner en famille pour d'autres ;
– le conducteur de train impatient de fermer les portes à toutes les stations le jour où vous êtes pressé... Bel alignement des planètes !

– le beau gosse ou la jolie fille dont vous pouvez contempler le reflet dans les vitres du RER sans jamais le ou la regarder directement ;

– l'ambiance de carnaval de la Japan Expo dans le RER B, où vous croiserez des *cosplayers* et des fans de culture japonaise en route pour cet événement incontournable ;

– la chaîne de solidarité qui se forme pour aider un malvoyant à prendre son RER et à descendre au bon arrêt ;

– la foule bigarrée qui revient après une journée à Eurodisney, avec des ballons en forme de tête de Mickey (que chut, vous rêvez secrètement de percer) plein les voitures, et des petites filles en robes de princesse à vos côtés, les étoiles plein les yeux ;

– un petit chien choupinou couché dans le grand sac de voyage de sa maîtresse sur le siège en face et qui vous regarde tendrement.

En somme, une foule d'anecdotes pittoresques illustre la richesse des rencontres et des aventures que l'on peut vivre au quotidien sur les lignes du RER. Et vous, quelle sera la vôtre ?

❧ **Documents et sites consultés** ☙
(en mai et juin 2024)

Les fiches Wikipedia des lignes des RER A, B, C, D et E.

Les blogs des RER A, B et C.

Le rapport de la Cour des comptes : *La qualité de service du Réseau Express Régional en Île-de-France,* Rapport public thématique, Cour des comptes, Octobre 2023.

Les projets d'extension du réseau RER : https://www.iledefrance-mobilites.fr/le-reseau/projets

L'IA : https://france3-regions.francetvinfo.fr/paris-ile-de-france/paris/train-vide-train-bonde-comment-choisir-sa-place-dans-le-rer-l-intelligence-artificielle-au-service-des-voyageurs-2994329.html

Signalez une agression, un harcèlement, un incident ... : **31 17**

Bulletins de retard de la SNCF : https://bulletinsretard.transilien.com/

Le compte Instagram : #Lesgensdanslemetro

❧ **Remerciements** ☙

Pour écrire un livre, il faut tout un réseau (hors RER). Permettez-moi donc de remercier quelques passagers éminents de cette rame littéraire.

À la Dream team : Assya, Camille et Céline ! Vos observations pertinentes et vos réponses à mes sondages Whatsapp ont été d'une aide précieuse. Grâce à vous, mon livre ne parle pas de licornes et de sirènes envahissant Paris pendant les Jeux olympiques — enfin, pas exclusivement.

Un merci spécial à ma maman. Tes critiques incisives et sans concession, bien que parfois redoutées, ont été le signal sonore de mon ébullition créative.

À mes correctrices, Emilie et Sonia, véritables agents de la syntaxe et conductrices du style, qui ont bravement affronté les déraillements de ma première ébauche. Votre travail soigné a transformé ce manuscrit en quelque chose de lisible et, espérons-le, agréable.

À l'institut LICARES pour sa formation pratique et de qualité à l'autoédition.

Enfin, à tous ceux qui m'ont accompagné dans ce projet, qu'ils aient été fournisseurs officiels de jus d'hibiscus, distributeurs de sourires d'encouragement ou simplement gardiens du silence pendant mes trajets en écriture frénétique, un immense merci. Sans vous, ce livre serait probablement resté coincé dans une voie de garage.

Si vous souhaitez être informé en avant-première de nos prochaines parutions dans la collection « 5 conseils pour s'en sortir », une seule adresse :

www.5conseilspoursensortir.fr

Dépôt légal : juillet 2024

Vous débarquez en région parisienne et vous vous apprêtez à affronter le labyrinthe du RER ?

Rien qu'à regarder le plan multicolore des lignes, vous vous sentez déjà perdu ?
Pas de panique ! Ce petit guide est là pour vous accompagner dans votre épopée urbaine de voyageur intrépide.

Apprenez à choisir la ligne de RER parfaite pour vous installer en banlieue, à trouver la rame qui ne ressemble pas à une boîte de sardines, et même à dénicher le siège idéal — si, par miracle, il en reste un de libre.

Mais ce n'est pas tout ! Vous découvrirez comment gérer certains passagers hauts en couleur et les incidents interminables dans lesquels les surmulots parisiens jouent parfois un rôle actif. Alors, prêt pour l'aventure ?

Prix :
6 euros
TTC

ISBN 979-8-227-42633-8

J WARE
SIDELINES
PART ONE